Isa Wagner

AUF DEM WEG
ZU EINEM NEUEN MORGEN

Perlen der Freude und Glückseligkeit

Bibliografische Information der Deutschen Nationalbibliothek: Die Deutsche Nationalbibliothek verzeichnet diese Publikation in der Deutschen National-bibliografie; detaillierte bibliografische Daten sind im Internet über http://dnb.dnb.de abrufbar.

TWENTYSIX – Der Self-Publishing-Verlag
Eine Kooperation zwischen der Verlagsgruppe Random House und BoD – Books on Demand

© 2020 Isa Wagner
Alle Rechte vorbehalten

Herstellung und Verlag:
BoD – Books on Demand, Norderstedt

ISBN: 978374076805

Covergestaltung: Melanie Mussegg
Illustrationen *123RF.com (*s. letzte Seite)

Meine Freude
sucht ihren Ausdruck
und fließt aus der Feder.
Sie will all jene erreichen,
die in ihrem eigenen
Gefängnis sitzen
und sich nach ihr sehnen.

APHORISMEN	Seite	9
GEDICHTE	Seite	37
LIEDER	Seite	56

Einführung

Auf dem Weg zu unserem wahren Selbst fallen nach und nach Vorstellungen, Illusionen, Ideale in sich zusammen, mentale Strukturen brechen auf, es drückt und schiebt, presst und knackt, etwas drängt von innen – das mentale Gebäude stürzt ein, das Fundament bricht zusammen, auf dem man glaubte sicher zu stehen. Sicherheit gibt es nicht, Kontrolle geht verloren, man weiß nichts mehr... Und plötzlich öffnet sich das Lid zu höheren Welten, die inneren Ebenen werden erfahren, erschlossen, durchwandert, die innere Schau weitet sich, wird umfassender, leuchtender, Raum und Zeit verändern sich und etwas drängt, Erfahrungen und Erkenntnisse auf Papier fließen zu lassen – wie goldene Tropfen. Aphorismen, Gedichte, Lieder wollen aufgeschrieben, Melodien und Klänge gesungen werden. Es sind Perlen der Wonne und Glückseligkeit, die wie goldene Tropfen aus anderen Ebenen herniederregnen. Worte, Melodien und Klänge berühren unmittelbar, sie sind von intuitiver Einfachheit, sie beglücken und erheben das Wesen. Eine Freude, die auf den Körper einwirkt, die ansteckt, heilt und unterstützt – selbst wenn man sie nicht bewusst wahrnimmt.

Die meisten Texte und Lieder sind in den 1990er-Jahren entstanden – jetzt möchten sie veröffentlicht werden.

APHORISMEN

Es gibt nur EINE Wahrheit
und alles um sie herum
ist nur ein Lernprozess

Es gibt nur EIN Bewusstsein
und alles
ist ein Ausdruck davon

Die Wahrheit zwingt die Lüge
ihre Maske abzunehmen.

*

Der Mensch weiß nicht
dass er nur,
der Gefangene
seiner eigenen
Vorstellungen ist.

*

Vertrauen
ist der erste Schritt
zur Liebe.

Wo kein Vertrauen ist,
da ist Angst,
wo Angst ist,
da ist keine Liebe,
wo keine Liebe ist,
da ist Einsamkeit.

*

Wo keine Hoffnung
auf Besserung ist,
gibt es auch
kein Aufbegehren.

*

Wenn der Unterdrückte
anfängt
sich zu wehren,
ist der Bann gebrochen
und das Leben
kann wieder
fließen.

Löse dich
von allen Ideen,
denn sie sind
die Wärter
deines Gefängnisses.

*

Wer die Grenzen kennt,
strebt nach dem
Grenzenlosen.

*

Erkenne deine Schwäche
und dadurch
deine Stärke.

Bestätigung
kann dir niemand geben,
du musst sie selbst
in dir finden.

*

Wer sich mit anderen
vergleicht,
fühlt sich nicht
gleich-wertig,
wer sich akzeptiert,
wie er ist,
braucht sich nicht
zu vergleichen.

*

Es ist
die Grenze
des Tragbaren,
die uns
in die andere Richtung
schauen lässt.

Es gibt nur
die Allmacht der Liebe –
alles andere
ist ein sinnloser Machtkampf
des Egos.

*

Öffne dich der Liebe,
die darauf wartet
von dir eingelassen
zu werden.

*

Ändere die Blickrichtung
und du erfährst wahre Freude.

Erfreue dich an allem,
aber sei nicht abhängig davon.

*

Wenn der Suchende
sich selbst gegenüber
vollkommen aufrichtig ist,
setzt er dem Licht
keinen Widerstand entgegen
und seine Entwicklung
kann voranschreiten.

*

Auch wenn es manchmal
mehr als eines Lebens bedarf –
die Wahrheit
wird immer ans Licht kommen.

Der Betrunkene auf der Parkbank
Das Modell im Glitzerkleid
Die Nonne im Kloster
Der Kriminelle im Gefängnis
Der Politiker hinter dem Rednerpult
Alle
Gefangene ihrer Illusion
Die nicht sehen können
Das Spiel der Spiele
Aus dem nur Er ihnen heraushelfen kann
Indem Er den Schleier lüftet
Und sie sich ihrer eigenen Gefangenschaft
Bewusst werden

Ungeduld
ist ein Mangel
an Liebe.

*

Kontrolle
ist mangelndes Vertrauen.
Gib die Verantwortung
an Ihn ab
und fühle,
wie die Last
von deinen Schultern fällt.

*

Um Sein Spiel verstehen zu können,
muss man vollkommen in Ihm aufgehen.

Das große Wesen
steigt hernieder,
nimmt Formen an,
um so der Welt
das Licht zu bringen,
das sie braucht,
um aus der Finsternis
emporzusteigen.

*

Ihre Liebe
für die Menschen
ist so groß,
dass sie herniedersteigen
in die Finsternis,
um der Welt
als Lichtbringer
zu dienen.

Die Erinnerung
an Ihn
treibt uns an
den Weg
zurückzufinden.

*

Er fragt nicht danach,
ob du es allein geschafft hast
oder ob dir jemand geholfen hat,
den Weg zu Ihm zu finden.
Lege Stolz und Hochmut beiseite
und bitte um Hilfe
und siehe,
das Wunder geschieht.

*

Die Rückkehr
zu Gott
ist das
vollkommene Bewusstsein
seiner Selbst.

Evolution

Jeder Stille
Folgt der Ausstoß
Die Bewegung nach außen
Die Geburt
Der Aufbau
Die Erneuerung
Dann
Der Rückzug
Die Bewegung nach innen
Der Abbau
Die Veränderung
Das Sterben
Die Stille

Im Großen
Wie im Kleinen
Auf allen Ebenen
Den gröbsten
Wie den feinsten
Immer
Und immer wieder

In die Stille gehen
Höchste Erkenntnisse erlangen
Die herausgebracht und
Umgesetzt werden müssen
Die zu Erneuerung führen

Dann
Das erneute sich Zurückziehen
Das Loslassen
Sterben
Um erneut
In der Stille
Zu weiteren
Noch höheren Erkenntnissen
Zu gelangen
Die klarer und klarer
In die Form
Gebracht werden müssen
Um letztendlich
Die Veränderung
In der Materie herbeizuführen
Die Evolution heißt

Wenn du dich
mit jeder Faser deines Herzens
nach der Wahrheit
nach Gott
sehnst
kann das Ergebnis
nichts anderes sein
als die Wahrheit
Gott

*

Er schaut in ihre Augen
und sieht sie
nackt und bloß.
Vor Ihm können sie
sich nicht verstecken.
Warum auch?
Mit Liebe
nimmt Er sie an,
so wie sie sind.

Begrenze dich nicht
durch die Idee
zu glauben,
Seiner Liebe
nicht wert zu sein.

*

Gott macht keinen Unterschied,
Er ist Liebe.
Von Ihm
kannst du
nichts anderes erwarten.

*

Gott nimmt dich an
so wie du bist.
Warum tust du es nicht?

Mache dich leer
und gib dich hin
dem Einen
der darauf wartet
dich durchdringen zu können

*

Das wahre Leben
beginnt mit der
vollständigen Hingabe
an Ihn
und dem konstanten
Einströmen
Seiner Liebe

*

Am schwersten ist es
nichts zu tun
und Ihn
durch uns
wirken zu lassen

Seid unbesorgt
Er wird es wohlmachen

*

Es sind nicht die Worte
sondern die Kraft
Seiner Liebe
die die Menschen erreicht

*

Er
wartet geduldig
mit ausgestreckter Hand
stets bereit
sie denen zu reichen
die nach ihr greifen

Um Freude und Wahrheit
In die Welt bringen zu können
Muss man ein vollkommenes
Instrument des Höchsten sein
Leer
Nichts
Vollkommen
Erneuert
Erst dann kann Er
Die Höchste Freude
Zum Ausdruck bringen
Sichtbar
Fühlbar
Die in der Lage ist
Allen Schmerz zu wandeln
Alle Finsternis zu erhellen
Freude
Als höchster Ausdruck
Von Klarheit
Wahrheit
Liebe
Und Licht

Warum
lässt du nicht
Ihn
die Bürde
deines Lebens
tragen?

*

Als ich
die Bürde meines Lebens
an Ihn abgab,
fühlte ich die Schmerzen
in meinem Körper,
die ich mir selbst zugefügt hatte.

Die Heilung kann beginnen.

Mein Herz
ist voller Dankbarkeit
und Hingabe.
Die Türen sind
weit geöffnet
und Seine Liebe
strömt ein
ohn' Unterlass.

Erfüllt von Dir
Welche Glückseligkeit
Liebe
Fülle
Ich kann Dich
Nicht mehr missen
Bin ganz Dein
Du

Unverstanden von der Welt
Schreite ich voran
Einsam
Nur das Vertrauen
In Ihn
Seine göttlichen Helfer
Die Allmacht der Liebe
Trägt mich
Lässt die Einsamkeit vergessen
Gibt mir Kraft
Meinen Weg weiterzugehen

Es ist nicht wichtig
Zu wissen
Wer ich bin
Und wer ich war
Es ist nur wichtig
Zu sein
Um der Welt
Das zu bringen
Was sie am nötigsten braucht
Liebe
Licht

Welches Meer von Ananda
In mir
Mein ganzer Körper
Durchflutet
Er bebt
Schwingt
Strahlt
Voller Glückseligkeit
Alle Zentren
Im Einklang
Wirbeln
Mit unglaublicher Kraft
Und Geschwindigkeit

Hier gibt es kein Sehnen
Kein Hoffen
Kein Wünschen
Nur unendliche Wonne
Unbegreifbare Stille
In jeder Zelle
Meines Körpers
Meines Wesens
Meines Seins
Vollkommene Vollkommenheit

In mir
Ist es still
Um mich herum
Wirbelt die Zeit
Welches Datum
Haben wir heute?

GEDICHTE

Der Weg war steil
und dornig,
voller Gefahren
und Versuchungen.
Tiefe Freude
erfüllt mein Herz,
dass dein Sehnen
größer war,
als alle Pein.

Wenn dein Sehnen ehrlich ist
und du nur Ihm willst ganz gehören,
öffnet Er das Himmelstor
und durch die Kraft, die tritt hervor,
wirst du dann neu geboren.

Als reines Wesen musst du dann
erneut den Pfad beschreiten,
zur Pforte vor dem höchsten Thron
wird Er dich hingeleiten.

Doch öffnet sie sich dir erst dann,
wenn du dich hast ergeben,
wenn nichts von Wollen oder Sein
ist schließlich mehr zugegen.

Oh beug' dich, beug' dich, gib dich hin
dem allerhöchsten Willen,
denn Er will, dass du nichts mehr bist,
damit Er dich kann füllen

mit Seiner Kraft und Seinem Licht,
Er wird dich ganz durchdringen
und so die Freude und den Glanz
zum höchsten Ausdruck bringen.

Das Bewusstsein des Körpers, es stöhnt und es schreit:
Ich hab' doch ertragen ein jegliches Leid,
ich habe erduldet Hohn und auch Spott,
der Menschen Verachtung – Du weißt es doch, Gott!

Ich wurde geschunden, gequält und verhöhnt
und habe die Grenzen des Leidens gefühlt,
wer kann denn begreifen, was einst ist gescheh'n,
das Leid kann ermessen, wer kann es versteh'n?

Die Liebe zu bringen kam ich in die Welt,
ein Gefühl zu erwecken, das den Menschen gefehlt,
zu lindern die Schmerzen, das Leid und die Pein,
um so sie von Ängsten und Qual zu befrei'n.

Doch es hat nicht gereicht, es war nicht genug,
die Kraft des Dunkeln, sie kämpfte und schlug,
und es schien ganz umsonst, denn das Leiden hielt an,
es gab nur die Hoffnung: irgendwann einmal, dann...

Gefühlskalt und grausam ward der Körper gequält,
sein Bewusstsein hat immer die Schläge gezählt,
dort hat es gespeichert ein jegliches Leid,
die Gewalt und die Rohheit zu jeder Zeit.

Drum schreit es noch immer überall auf der Welt,
weil ein jeder das Ende des Leidens ersehnt.
Wer kann es begreifen, warum muss es gescheh'n?
Das Leid kann ermessen, wer kann es versteh'n?

Das Bewusstsein des Körpers ganz verzweifelt sich wehrt,
es will nicht mehr leiden, fragt: Was läuft denn verkehrt?
Ich hab' alles erlitten, erduldet, vollbracht,
musste fühl'n und durchleben die dunkelste Nacht.

Ich wurde verraten, verleugnet, verhöhnt,
gefoltert, geschändet, verschmäht und verpönt,
hab' dem Höchsten vertraut, gab mein Leben Ihm hin,
auch wenn keiner verstand den wirklichen Sinn!

Und ich sag' dem Bewusstsein des Körpers: 's ist gut,
du hast stets bewiesen den größten Mut,
ich begreif' deinen Kampf und versteh' deine Wut,
Lass nur alles heraus, es gut dir dann tut!

Und es zeigt seine Ohnmacht, die Verzweiflung, den Streit,
lässt alles heraus, was verursachte Leid,
fühlt sich angenommen, höchste Liebe es spürt,
was plötzlich zu seiner Erlösung führt.

Und da wird es ganz friedlich, so sanft und so leis',
verwundert, gerührt und erleichtert es weiß,
da gibt es doch Einen, der versteht seine Pein,
fühlt, was es hat durchlitten – nun kann es verzeih'n!

Du kannst begreifen, was einst ist gescheh'n,
das Leid kannst ermessen, Du kannst mich versteh'n.
Und wenn es Sein Wille, so bin ich bereit,
die Qual zu erleiden, aufs Neue, noch heut'!

Er kann begreifen, was einst ist gescheh'n,
das Leid kann ermessen – Er kann mich versteh'n!

.

Wenn du heraus willst aus dem Tal
der Tränen und des Leidens,
dann nimm doch einfach meine Hand,
ich führ' dich hin zum Wahrheitsland.

Das ist das Land, wo Klarheit ist,
das Land der ew'gen Sonne.
Hier ist es rein und weit und still,
voll Liebe, höchster Wonne.

Es ist ganz wahr und nicht erdacht,
ein Strahlen und ein Singen,
es gibt kein Wort, das diese Pracht
je kann zum Ausdruck bringen.

Bevor du durch das Tor kannst geh'n
musst du dich selbst entdecken,
in jeden Winkel musst du seh'n,
nichts darfst du mehr verstecken.

Oh komm und gib mir deine Hand,
es wird dir nichts geschehen,
ich führ' dich hin zum Wahrheitsland,
dort wirst du Freude sehen.

Du brauchst nur Mut und viel Vertrau'n,
dann wird es dir gelingen,
ich halt' dich ganz fest an der Hand
und führ' dich durch das Tränenland.

Einst stehst du dann vorm großen Tor
der Weltenillusionen,
siehst alle Täuschung dieser Welt,
die sie noch stets gefangen hält.

Wenn du dann fühlst den letzten Schmerz
der Menschheit seit Äonen,
dann hebt der letzte Schleier sich
uralter Illusionen.

Die Falschheit lässt du hinter dir
und fühlst dich neu geboren,
und Hand in Hand dann springen wir
ins Land der höchsten Wonnen.

Aus der tiefsten Tiefe
der Finsternis
erhörst Du mein Rufen
und hebst mich
empor zu Dir.

Nackt und rein
stehe ich vor Dir.
Vereint mit Dir –
welche Geborgenheit.

Vorbei die Einsamkeit,
die Trennung, Abgeschiedenheit,
vorbei der Schmerz,
die Trauer und das Leid.
Du bist gekommen,
hast mich genommen,
hast uns vereint.

Die Kraft der dunklen Mächte –
Vorbei.
Ihr Einfluss ist gebrochen –
Vorbei.
Du bist gekommen,
hast alles weggenommen,
nun bin ich frei.

Die,
die Liebe geworden sind,
haben nichts anderes zu geben
als Liebe.
Ihnen erwächst kein
Vorteil oder Nachteil
daraus,
dass Menschen ihre
Liebe annehmen
oder nicht,
sich öffnen
oder verschlossen bleiben,
ihr vertrauen
oder sie hochmütig ablehnen.
Diese Liebe
strömt immer aus,
fragt nicht,
bittet nicht,
hält sich nicht zurück.
Sie strömt urteilslos,
ohn' Unterlass
und kann dort,
wo sie bewusst empfangen wird,
wahre Wunder vollbringen.

Die Zeit des Leidens
ist vorüber,
himmlische Freude,
Stille,
durchströmt meinen
transparenten Körper,
neu gewoben
aus Göttlichen Fäden,
goldenem Licht.
Sein Glanz,
Seine Herrlichkeit
bringt sich zum Ausdruck.

Als ich mich mit Ihm
Vollkommen vereinte
Tanzend vor Freude
Fielen alle meine Vehikel
In sich zusammen
Kein einziges Atom
Blieb zurück
Nichts mehr von dem
Was einst gewesen
Ein vollendetes Nichts
Wie das Anhalten
Des Atems
Nachdem Es eingeatmet hat

Langsam
Atmet Es aus
Und bringt ein neues Wesen hervor
Sein Glanz
Sein Strahlen
Wird mehr und mehr sichtbar
Ohne Hast
Bis Es
Seine vollkommene Pracht
Zum Ausdruck gebracht hat

Der neue Zyklus
Hat begonnen

Meine Augen
Die Fenster des Bewusstseins
Sind so müde
Müde von all dem
Reinigen
Klären
Entfernen
Des Staubes
Der Schleier
Der Unwahrheiten
Illusionen
Ideen
Immer
Und immer wieder
Bis auch
Das letzte Staubkorn
Die letzte Unklarheit
Gewichen ist
Vollkommen
Sauber
Rein
Dann erst
Kann Seine Wahrheit
Ungehindert
Durch die Fenster
Meines Bewusstseins
Scheinen

Auch meinen letzten Traum will ich Dir geben,
den Traum von einer heilen Welt;
denn immer schon in meinen vielen Leben
hatt' ich gehofft, dass sich's erhellt.

Und es scheint so greifbar, so wirklich, so wahr,
ich spüre das Schwingen und Strahlen,
deine Liebe, die Freude, so rein und klar,
viel stärker als Fakten und Zahlen.

Von Dir allein alles durchdrungen ist,
von Deiner Schönheit und Pracht,
selbst die Zellen vibrieren in Deinem Licht,
sie fühlen ehrfürchtig die Macht.

Doch ist es genug, dass in mir ich Dich spür',
ich erfahr' Deine mächtige Kraft?
Reicht es aus, eine Welt des Lichts zu kreier'n,
wenn die Menschen sich wenden stets ab?

Denn Du willst, dass man ALLES zu Füßen Dir legt,
das, was uns teuer und wert;
auch, was man hoffte, erträumt und ersehnt,
forderst alles mit leuchtendem Schwert.

Du brichst alles nieder, was einst hatte Gestalt,
alles, was Du hast erschafft;
und erst dann, wenn man nichts mehr in Händen hält,
zeigst Du Deine wahre Macht.

Von dem, der nach höchsten Höhen strebt,
verlangst Du am Ende ihn selbst,
all das, was durch die Zeiten hindurch wurd' gehegt,
nimmst Du fort, wie einen Baum alles fällst.

Nichts bleibt zurück von dem, was einst war,
das letzte Atom löst sich auf,
und dann, als das Alte sich brachte dar,
dämmert ein neuer Morgen herauf.

Dein Glanz, Dein Strahlen herabströmt von oben,
ein Wesen aus goldenem Licht
wird aus göttlichen Fäden ganz fein gewoben,
eine größere Pracht gibt es nicht.

Mein Traum war, ein jeder sollte erleben
Deine Schönheit, unaussprechliche Pracht;
ich hoffte, schon bald könnte es geben
eine andere Welt, die neu Du erschaffst.

Eine Welt voller Freude, Wahrheit und Licht,
durchdrungen von höchster Kraft,
in der nur die Allmacht der Liebe spricht
und wird endlich zum Ausdruck gebracht!

Doch kaum einer ganz sich zu geben vermag,
kann ertragen die Mühsal, die Pein.
Ich bitt' um ein Zeichen, es mir nicht versag',
wie Dein Werk denn vollendet soll sein.

Was immer Dein Wille, ich nehm' alles hin,
meinen Traum geb' ich Dir – ohne Weh'.
Dein ergebenster Diener ich bleibe und bin,
was immer Du willst – es gescheh'!

Ich schaue mich um,
seh' in jedes Gesicht
und erkenn' hinter allem
und jedem
nur Dich.

Goldener Sonnen-Seligkeits-Regen
herabströmt von oben in die finsterste Nacht,
erleuchtende Pracht durchflutet das Wesen
mit unsagbarer Sanftheit, unermesslicher Macht.

Im Innern sich alles zu Ihm wendet hin,
sich erinnernd höchst glückvoller Zeiten und Pracht,
zurück in Sein Herrlichkeitsreich es nun will,
alte Sehnsucht aufs Neue erwacht.

Eine Stimme, sie spricht voll Sanftmut und Kraft:
„Ihr werdet dort unten mich finden!
Nur noch ein Stück, gleich habt ihr's geschafft,
alles Leid dann wird endlich schwinden.

Wenn das Werk ist getan in dunkelster Nacht,
sich ergießen wird goldener Segen
in das irdische menschliche Wesen,
dann ist der Zyklus vollbracht!"

Die Helfer des Höchsten vernehmen das Wort,
kleinste Wesen voll Göttlicher Kraft
verrichten Sein Werk und ersehnen die Pracht
des Seligkeits-Regens an dunkelstem Ort.

Schon wird es Gewissheit, gleich ist es vollbracht!
Sie spüren des Höchsten Wahrheitsmacht,
allmächt'ge Bewusstseins-Seligkeitskraft,
die langersehnte Herrlichkeitspracht!

Ein dunkler Geselle bemerkbar sich macht,
eine Macht aus ur-ewigen Zeiten,
zeigt gewalt'ge, vernichtende Zorneskraft:
„Wer wagt's, mir mein Reich zu bestreiten!

Ich allein bin der Herrscher des Reiches,
bestimm' über Leben und Tod,
neben mir gab es nie eines Gleichen,
wer es wagt, dem Zerstörung droht!"

Da spreche ich zu dem Zornesgesell'n:
„Wenn's wirklich nichts Höh'res kann geben,
so gib mir Gewissheit, einfach und schnell
und lass' uns noch tiefer gehen!"

Wir durchstreifen des endlosen Reiches Nacht,
dringen tiefer und tiefer in glücklose Weiten —
da strömt höchste Herrlichkeits-Sonnenpracht
uns entgegen – eine neue Welt zu bereiten.

Der Bann ist gebrochen, nun ist es vollbracht,
die erlösende Sonnen-Seligkeitsmacht
löst auf, was den Menschen das Leid hat gebracht
und verheißt einen neuen Morgen.

Freude lässt Töne erklingen

Die gesungenen Lieder können unter
isa-wagner@t-online.de angefragt werden.

LIEDER

Nach Freiheit sucht' ich von dem Selbst,
in dem ich fühlte mich gefangen,
ersehnt' Vollendung und begann,
sie in den Himmeln zu erlangen.

Wollt' Freude, die ich droben fand,
auch in die Welt herunterbringen,
damit das Leid ein Ende hätt',
Ananda sollt' im Herzen singen.

Ich fragt' mich dann, wie stell' ich's an,
das Leben lebenswert zu machen?
Es sollt' doch wahrhaft möglich sein,
die Freude zu entfachen!

Es kann doch wohl der Sinn nicht sein,
das Leiden immerfort zu tragen.
Es muss doch mal zu Ende sein!
Wer kann die Antwort sagen?

Da spürt' ich plötzlich Freude in mir schwingen,
in jeder Zelle meines Wesens klingen.

Um höchste Wonne in die Welt zu bringen,
musst' ich erst selbst die tiefste Finsternis durchdringen,
den Schmerz der Welt mit allen Fasern fühlen,
dorthin, wo Wehmut, Trauer, Ohnmacht wühlen.

Dem Höchsten Willen beugt' ich mich, mein ganzes Wesen,
trotz tausend Zweifeln, größten Ängsten und auch Beben,
gab alles Ihm, sogar mein letztes Sehnen,
nicht wissend, welches Ende es würd' nehmen.

Da spür' ich plötzlich Freude in mir schwingen,
in jeder Zelle meines Wesens klingen.

In jeder Zelle höchste Wonne bebt,
die eine Macht, die hinter allem steht,
in jeder Zelle reinstes Licht nun schwingt,
aus dem die Freude, Wahrheit, Lieb' entspringt.
Ich spür' die Kraft, die alles ändern kann,
die Kraft, die ist und war
von Anfang an.

Die Wahrheit sucht ich in der Welt,
es musste sie doch geben!
Stattdessen sah ich überall
ein Netz von Lügenweben.

Auf meinem Weg zum höchsten Ziel
suchte ich auch nach Klarheit
und sah, die Menschheit ward verstrickt
im großen Netz der Falschheit.

> Oh hör' doch mit dem Kämpfen auf,
> durchschau' dein eignes Spiel,
> zur Schuld gehört Vergebung auch,
> dem Höchsten gib dich hin.

Ich sah die große Illusion,
in der der Mensch sich hat verfangen,
er kämpft um Wahrheit, Liebe, Recht,
welch Schmerzensweg ist er gegangen.

Der Mensch sucht nach Gerechtigkeit
und fühlt sich hintergangen,
doch jeder sich als Opfer sieht,
wer hat einst angefangen?

> Oh hör' doch mit dem Kämpfen auf,
> durchschau' dein Leidensspiel,
> zur Schuld gehört Vergebung auch,
> dem Höchsten gib dich hin.

Er fühlt sich hilflos und bedroht,
ohnmächtig, unterlegen,
er kann es einfach nicht versteh'n,
dass er sich soll ergeben.

Der Liebe Hoffnung ich dann fand,
das Wie und wem man glaubt zu dienen
und sah das Leid, das draus entstand,
aus höchsten Illusionen.

> Oh hör' doch mit dem Kämpfen auf,
> durchschau' dein Leidensspiel,
> zur Schuld gehört Vergebung auch,
> dem Höchsten gib dich hin.

Aus einem Faden ward das Netz
der Falschheit fein gewoben,
verknüpft, verschlungen ganz geschickt,
voll Schlingen, tausend Knoten,

dass es beinah unmöglich schien,
den Anfang zu entblößen,
aus dem die Lüge einst entstand,
um so das Netz zu lösen.

> Oh hör' doch mit dem Kämpfen auf,
> durchschau' dein eignes Spiel,
> zur Schuld gehört Vergebung auch,
> dem Höchsten gib dich hin.

Oh heg' die Sehnsucht von dem Leiden frei zu sein,
von Ängsten, Sorgen und von jedem Schmerz,
sehn' dich nach Freude, nach Klarheit, Liebe rein,
nach höchster Wahrheit aus dem tiefsten Herz.

Zum Höchsten wende dich, sieh deine Grenzen ein,
frag' nach des Lebens allertiefstem Sinn,
vertrau' darauf, dass du einst wirklich frei kannst sein
von dem, was dich beherrscht, seit Anbeginn.

> Einst wird das Leben anders sein,
> kein Schmerz und auch kein Leid,
> der Körper wird verwandelt sein,
> voll Licht, ganz strahlend, weit.

Er zeigt den Weg dir auf, der zur Veränd'rung führt,
füllt dich mit Seinem Licht und höchster Kraft,
wodurch es möglich wird, die Spiele zu durchschau'n,
den Mechanismus, der das Leiden schafft.

Wenn dein Bewusstsein dann ist mehr und mehr erwacht,
dann wirst du sehen, wie es wird vollbracht.
Den Mechanismus, der aus Abwehr, Kampf besteht,
gilt es zu lösen nun mit aller Kraft.

> Dann wird das Leben anders sein,
> kein Kampf und keine Pein,
> hier auf der Erde wird es sein,
> verändert, wahrhaft, rein.

Hier in dem Körper findet die Verwandlung statt
durch reinstes Licht und allerhöchste Kraft,
alte Gesetze haben jetzt schon kaum noch Macht,
der Körper dafür erste Zeichen hat.

Die Zellen wandeln sich, nehmen das Neue an,
sie jubeln, machen einen Freudentanz,
Sie woll'n Veränderung, nichts, was sie auflösen kann,
und öffnen sich dem höchsten Willen ganz.

> Einst wird das Leben anders sein,
> der Körper spürt's genau,
> hier auf der Erde wird es sein,
> dem Höchsten er vertraut.

> Einst wird das Leben anders sein,
> der Körper spürt's genau,
> hier auf der Erde wird es sein,
> dem Höchsten nur vertrau'.

Ach komm doch Angst und lasse mich sehen,
was dir so sehr zu schaffen macht,
ich nehm' den Mut mit, dann können wir gehen,
wir␣wolln's versuchen, es wär' doch gelacht…

Ich fühl den Punkt, es könnt' schwierig werden,
es nimmt mir schier den Atem weg.
Vergang'nes Leiden wird aufgewühlt hier,
ich fühl mich klein, so bloßgestellt.

Ich spür' den Schmerz nun, lass' es geschehen,
geb' mich der Trauer, dem Leiden hin;
da kommt die Wut, ich lasse mich gehen,
schrei' sie heraus, so zornig ich bin!

Ich taste weiter, tiefer und tiefer,
ich brauche Mut und eine List,
ich fühl', dass hinter meinen Schreien
ein andrer Schmerz verborgen ist.

Die Angst sie schreit und schüttelt die Glieder,
sie keinen Schmerz ertragen kann.
Ich will's versuchen, wieder und wieder,
auch wenn ich nicht weiß, wie's endet dann.

Noch zögernd fühl ich hinein in die Tiefe,
erwarte große Qualen und Pein,
hab' mich ergeben, lass' es geschehen,
nehm' alles hin – so soll es denn sein.

Da fühl' ich plötzlich diesen Schmerzen
von längst vergang'nen Tagen in mir,
ich lass' ihn zu und fühl' ihn im Herzen
und – schnell verschwunden ist er von hier.

Und staunend habe ich nun gesehen,
Schmerzen aufs Neue muss man berühr'n,
die hinter Wut und Ängsten stehen,
um sie noch einmal im Herzen zu spür'n.

Dann ist's vorbei, du fühlst dich erleichtert,
du kannst kaum glauben, dass so wird's gemacht.
Dies war der Anfang, jetzt geht es schon leichter,
dringst immer tiefer – bis es vollbracht.

Ein Funke ist in dir entfacht
tief drinnen in dem Herzen,
so ein Gefühl, das sehnt und schmacht'
nach Liebe ohne Schmerzen.

Nach wahrer Liebe, tief und rein,
die alles mag verzeihen,
die Wunden heilt, dich froh lässt sein,
von Ängsten kann befreien.

Die nie vergeht, alles versteht,
die dich umfängt und dir auch Wärme schenkt,
der du vertraust, auf die du baust,
die in dir singt, dir wahre Freude bringt.

Nach Liebe, die den Mut dir macht,
die Hürden leicht zu nehmen,
Bewusstsein bringt und auch die Kraft,
die Wahrheit anzusehen.

Die nie vergeht, alles versteht,
die dich umfängt und dir auch Wärme schenkt,
der du vertraust, auf die du baust,
die in dir singt, dir wahre Freude bringt.

Ein kleiner Funke ihrer Macht
lässt dich schon jetzt erkennen:
der Liebe wahrhaft große Kraft
allmächtig ist zu nennen.

Machst auf dein Herz und nimmst sie an,
sie strömt herein, bringt höchste Freude dann,
so wahr und rein, so tief und still,
ein Strom, der wahrhaft niemals enden will.

Und staunend wird dir endlich klar,
es hat sie stets gegeben,
die Liebe allzeit bei uns war,
in dir und allen Wesen!

Machst auf dein Herz und nimmst sie an,
sie strömt herein, bringt höchste Freude dann,
so wahr und rein, so tief und still,
ein Strom, der wahrhaft niemals enden will.

Oh welche Freude, welch Jauchzen und Singen,
der Körper nimmt die Veränderung an,
gibt sich dem Höchsten hin, lässt Ihn vollbringen
Sein Werk, das Er allein vollenden kann.

Legt alle Ängste ab, sagt nicht mehr Nein,
will, dass ein Ende des Leidens soll sein!

Er nimmt das Leben an, lässt sich durchdringen
von höchster Kraft und von reinstem Sein,
spürt, dass es endlich nun ihm soll gelingen,
sich von der dunkelsten Kraft zu befrei'n.

Die Zellen jubeln, erkennen das Licht,
spüren Gewissheit des Höchsten in sich,
fühlen Geborgenheit, Wonne und Wahrheit,
baden in Liebe, so golden und rein.

Einst werden alle die Freude empfinden,
die immer ist, immer war und wird sein,
werden versteh'n, dass das Alte muss schwinden,
das stets verursachte Leiden und Pein.

Denn höchste Liebe kommt in die Welt,
die alles auflöst, was ihr nicht standhält.
Ein neues Leben auf Erden wird's geben,
ganz anders werden die Menschen dann sein!

Oh welche Welt uns die Zukunft verspricht,
von höchster Wahrheit, von Schönheit und Licht!
Ein neues Wesen wird's hier schon bald geben,
göttlich, so strahlend, voll Liebe und Licht!

Die höchste Freude ist erwacht,
der Liebe Feuer ist entfacht,
die eine Kraft, die alles schafft,
die alles ist und alles macht.

Die Kraft, die trägt, alles bewegt,
doch selber still und nicht erregt,
und diese Stille treibt sie an,
auch wenn man es nicht sehen kann.

Hör doch, wie es klingt,
spüre, wie es schwingt,
fühl doch diese Kraft,
sieh doch, welche Pracht!

Hör nur, wie es singt,
wie es dich durchdringt,
sieh den Glanz, die Pracht,
wie es bebt und lacht!

Wer dieser Macht vertrauen kann,
sein Herz schließt auf, sie annimmt dann,
der spürt sehr schnell, wie diese Kraft
jede Veränd'rung möglich macht.

Sie ihn herausführt aus dem Leid,
ihm Hilfe bringt, von Schmerz befreit,
spürt, wie die Kraft des Feuers dann
verwandeln und auflösen kann.

Liebe ohne Leid,
reden ohne Streit,
geben aus dem Herz,
fühlen ohne Schmerz.

Nichts, was lärmt und denkt,
nichts, was zerrt und kämpft,
alles singt und lacht,
Freude ist erwacht!

Die höchste Freude ist erwacht,
der Liebe Feuer ist entfacht,
die eine Kraft, die alles schafft,
die alles ist und alles macht.

Tief drinnen im Erdenbewusstsein
spürt' ich ein unsagbares Leid,
den allerletzten Hoffnungsschimmer,
dass davon es einst würd' befreit.

Wehmütig, in Bewusstseinsschichten,
sich verbarg größte Traurigkeit,
ich Verzweiflung und Ohnmacht fühlte,
die nie verstand'ne Einsamkeit.

Dort hörte alles auf zu kämpfen,
nichts mehr, was nach Erlösung schreit,
fühlt sich verloren und verlassen,
um sich herum nur Dunkelheit.

„Oh heg' der Hoffnung letztes Blinken!"
rief ich dem Erdbewusstsein zu.
„Er steigt herab, wird Freude schenken
und bringt die langersehnte Ruh'!

Sieh' diese Zellen, rein und strahlend,
wie sie erhell'n die dunkle Nacht,
was die Verwandlung alten Lebens
durch höchste Kraft nun möglich macht!

Allmächtige Liebe und Freude
wird nun zum Ausdruck gebracht
und durch Wahrheitsklänge des Höchsten
vernichtet der Finsternis Kraft!"

Tief drinnen im Erdenbewusstsein
sich ein Hoffnungsfunke leis' regt.
Ungläubig und eher verwundert,
zugleich tief berührt und bewegt

wächst heran eine neue Hoffnung:
Sein Versprechen Er macht nun wahr?
Es spürt so ein kraftvolles Schwingen,
höchste Freude — so wunderbar!

Überall Sein Glanz und Sein Strahlen,
überall es nun singt und schwingt.
Die Gewissheit des Leidens Ende
das Erdenbewusstsein durchdringt!

Auf der Liebe Schwingen

Die Sterne, sie funkeln hernieder,
sie glitzern so klar in der Nacht.
Ich lausche den inneren Liedern,
der Stille, dem Frieden, der Pracht.

Tief in mir, da gibt es kein Sehnen,
nur Liebe und Freude und Kraft.
Der Körper, er kann sich weit dehnen,
er Welten und Erde umfasst.

Ich reise auf der Liebe Schwingen durch die tiefste Nacht,
erkenne hinter Schleiern stets
des Allerhöchsten Wahrheitspracht,
ich höre Himmelsklänge, kein Mensch sie hat sich je erdacht,
welch' Schönheit, Wahrheit, Freude, Liebe, höchste Kraft!

Dieses Strahlen, dieses Schwingen
nur in Liebe Ausdruck findet,
denn kein Wort und keine Geste
kann erklären diese Pracht.

Wenn du öffnest dich dem Höchsten
und Vertrauen in Ihn hast,
kann die Liebe dich erfüllen,
wirst du spüren ihre Macht.

Dann wird die Freude in dir schwingen,
du fühlst ihre Kraft,
oh welches Feuer der Wonne
in dir ist entfacht.

Oh welches Glühen und Sprühen,
der Körper erbebt,
welches Beglücken, Entzücken
das Wesen durchwebt.

Der Liebe Kraft strömt nun hernieder
in die Finsternis der Nacht,
lässt sie erstrahlen, still und golden,
bringt hervor den Glanz, die Pracht.

Sie hat die Finsternis durchdrungen
mit höchstem Licht und Seiner Macht,
die dunklen Kräfte sind bezwungen,
die Liebe sie verwandelt hat!

Nun kann die Freude in dir schwingen,
du fühlst ihre Kraft,
oh welches Feuer der Wonne
in dir ist entfacht.

Oh welches Glühen und Sprühen,
der Körper erbebt,
welches Beglücken, Entzücken
das Wesen durchwebt.

Dieses Strahlen, dieses Schwingen
nur in Liebe Ausdruck findet,
denn kein Wort und keine Geste
kann erklären diese Pracht.

Wenn die Grenze des Leidens du hast erreicht,
du heraus willst aus Qualen und Pein,
suchst den Weg, eine Lösung, die helfen kann,
von der dunklen Kraft dich zu befrei'n.

Dieses Feuer der Sehnsucht tief in dir brennt,
nach Erlösung, nach Freiheit schreit.
Oh wie komme ich nur aus dem Leiden raus,
ich bin doch zu allem bereit!

> Oh hab' nur Vertrauen, mein Kind,
> und wende zum Höchsten dich hin,
> dass Es dir heraushilft aus diesem Leid,
> dich von Qualen und Schmerzen befreit.

Doch das Alte, das gibt dich so schnell nicht auf,
kämpft um das, was ihm folgte einst blind.
Die Gedanken, sie lärmen, du glauben sollst,
dass die Erkenntnisse Irrtümer sind.

Welcher Zwiespalt nun in deinem Herzen ist,
was ist wahr, was ist falsch, wo geht's hin?
Bist verzweifelt, verwirrt, hoffst auf einen Wink,
dass dies endlich ergibt einen Sinn!

> Oh hab' nur Vertrauen, mein Kind,
> und wende zum Höchsten dich hin,
> dass Es dir heraushilft aus diesem Streit,
> dich von Ängsten und Zweifeln befreit.

Und der Kampf in dir drinnen lässt dich nicht ruh'n,
der Verstand noch die Oberhand hat,
und er flüstert dir zu, was du solltest tun,
damit Ruhe vom Streiten du hast.

Doch tief in dir, da ist ein Gefühl erwacht,
was der Kopf nicht erklären kann,
eine Sehnsucht nach Liebe, Geborgenheit,
die du finden wirst, irgendwann.

> Vertrau' nur der Höchsten Kraft,
> denn sie ist es, die alles schafft,
> sie führt dich heraus aus der dunklen Nacht,
> zum Licht hin, zur Liebe, ganz sacht.

Und dann beugst du dich, gibst dich dem Höchsten hin,
hast Vertrauen in Ihn, Seine Macht.
Dieses Sehnen in dir immer stärker wird,
tief in dir drinnen, da fühlst du die Kraft.

Hörst nicht mehr auf den Einfluss, der lockt und drängt,
der nur Zweifel und Ängste schürt.
Als Herausforderung nimmst du die Hürden an,
hältst dran fest, zur Befreiung es führt.

> Dein Vertrauen dich trägt und bewacht
> und dadurch die Höchste Kraft,
> du fühlst sie in dir und du gehst voran,
> zum höchsten Ziel so kommst du dann.

> Vertrau' nur der Höchsten Kraft,
> denn sie es ist, die alles schafft,
> sie führt dich heraus aus der dunklen Nacht,
> zum Licht hin, zur Liebe, ganz sacht.

Vertrauen in die Göttliche Mutter

Stürme entwurzeln dich,
Nebel nimmt dir die Sicht,
Donner und Blitzgewalt
auf dich herniederhallt,
oh welche Angst in dir ist.

Alles verändert sich,
Sicherheit gibt es nicht,
alles, was du gedacht,
nun hat verlor'n die Kraft.
Wo geht die Reise nur hin?

> Auch wenn du nichts mehr siehst
> und ganz verzweifelt bist,
> Sie immer bei dir ist,
> hab' nur Vertrau'n.
> Schützt und behütet dann
> den, der vertrauen kann,
> führt ihn mit sich'rer Hand
> ins Sonnenland.

Es stets noch bebt und kracht,
fühlst dich ganz ohne Macht,
läufst jetzt am liebsten fort
an irgendeinen Ort,
wo du allein mit dir bist.

Du kannst noch nicht versteh'n,
was du bekommst zu seh'n:
die eigne Illusion,
oh welch ein arger Hohn,
alles du selbst hast erschafft.

> Auch wenn du nichts verstehst,
> nicht weißt, wohin es geht,
> Sie immer bei dir ist,
> hab' nur Vertrau'n.
> Schützt und behütet dann
> den, der vertrauen kann,
> führt ihn mit sich'rer Hand
> ins Sonnenland.

Du siehst das Lügennetz,
in dem du selbst drinsteckst,
hast einst es selbst gewebt,
dein Leiden dort gehegt,
doch nun es ändern du kannst.

Dieser Erkenntnisblitz
erhellt die Finsternis,
löst nun den Nebel auf,
der Sturm, er legt sich auch,
am Horizont siehst du Licht.

Wenn du dein Spiel durchschaust
und Ihrer Kraft vertraust,
ändert dein Leben sich,
hab' nur Vertrau'n.
Sie bringt mit Ihrer Kraft
dir, was Erkenntnis schafft,
erhellt die Dunkelheit,
führt dich ins Licht.

Du fragst dich nach dem Sinn dieses Lebens,
wenn du der Menschen Streben siehst.
Ein jeder sucht nach Glück – meist vergebens –
und nur von kurzer Dauer es ist.

Er sucht nach Anseh'n in dieser Welt
durch Leistung, Macht, Schönheit und Geld,
spielt seine Rolle auch ganz gekonnt,
er Anerkennung doch wohl so bekommt?

> Doch wo bleibt beim Streben die Freude
> im Leben,
> das Glück, das von Dauer, das nicht zerbricht?
> Wer kann es denn geben, wenn's alle erstreben,
> wo kann man es finden, was muss man denn tun?

Manch einer Ruhm und Ehre will kriegen
durch großes Wissen, Intellekt,
vor Ehrfurcht soll'n die andern sich biegen,
er jeden in die Tasche steckt.

Ein andrer will den Reichtum, die Macht,
das, was ihm offne Türen schafft,
sonnt sich im Herrschen und im Betrügen,
ganz klein will er die anderen kriegen.

> Doch wo bleibt beim Streben die Freude
> im Leben,
> das Glück, das von Dauer, das nicht zerbricht?
> Wer kann es denn geben, wenn's alle erstreben,
> wo kann man es finden, was muss man denn tun?

Ein andrer wünscht, beliebt nur zu sein,
dass alle Menschen laden ihn ein,
dass sich das Glücksrad ganz um ihn dreht,
ihm alle Welt zu Füßen liegt.

Und einer will stets hilfsbereit sein,
den Menschen dienen, still und ganz klein,
ein gutes Beispiel will er nur geben,
so sollte schließlich ein jeder leben...

> Der Mensch sucht nach Liebe, Befreiung vom Leid,
> nach Freude im Leben, Geborgenheit.
> Doch wer kann dies geben, wenn's alle erstreben,
> wo kann er es finden, was muss er nur tun?

Du suchst die Antwort überall auf der Welt,
hoffst auf den Einen, der dir es erzählt,
hast tausend Wege schon ausprobiert,
doch auf die Dauer hat nichts funktioniert.

Wer kann die Anerkennung denn geben,
wenn doch ein jeder selbst danach strebt?
Denn alle Menschen suchen im Leben,
dass man sie annimmt, liebt und versteht!

> Du kannst alles finden, tief in dir drin,
> Liebe und Freude, des Lebens Sinn.
> Öffne dein Herz nur, nimm selber dich an,
> die Kraft höchster Liebe das Glück schenkt
> dir dann.

Die Kraft der Liebe wirst du entdecken,
in deinem Herzen verborgen sie ist,
tief in dir drinnen musst du sie wecken,
sie ist es, die dich annimmt und liebt.

Die Wahrheit hat viele verschied'ne Gesichter
und scheint einem jeden so einfach und klar,
drum spielt auch ein jeder den obersten Richter,
denn für ihn ganz alleine ist sie doch wahr.

Der Mensch sucht und kämpft um Gerechtigkeit
so, wie er es selbst für sich weiß.
Klagt die Anstifter an von dem Wahrheitsstreit,
will, dass Recht geschieht – um jeden Preis.

Und er kämpft immer weiter voll Zuversicht,
denn für ihn ist doch eins völlig klar,
dass am Ende des Kampfes Gerechtigkeit ist,
dass das siegt, was für ihn ist so wahr.

Doch es geht nicht so einfach, wie er es sich dachte,
warum kann denn nur keiner sein Streben versteh'n,
das, wofür er stets focht, was immer er machte,
allein der Gerechtigkeitsfindung dient.

Je stärker er kämpft, umso weiter das Ziel,
spürt die Ohnmacht, weil er's nicht vermocht.
Er verzweifelt um höchste Erkenntnisse ringt,
er fühlt, wie's drin brodelt und kocht.

Und er weiß nicht mehr weiter, nicht aus und nicht ein,
ist völlig am Boden zerstört.
Er fühlt sich ganz machtlos, so hilflos und klein,
versteht nicht, dass ihn keiner erhört.

Sein Verstand ist begrenzt, er kann es nicht fassen,
was hinter dem Schleier verborgen ist.
Die Idee um die Wahrheit muss er fallenlassen,
er gibt sich der Unwissenheit völlig hin.

Und plötzlich erhellt ihn ein Geistesblitz,
sieht den Einen in allem, was ist.
Er erkennt, dass wir alle Sein Werkzeug nur sind,
ER allein nur die Wahrheit besitzt.

Da beugst du dich, gibst dich dem Höchsten hin,
übergibst dich dann ganz Seiner Macht.
Die Ideen ER bricht und was einst machte Sinn,
ER füllt dich mit Höchster Kraft.

Einst nimmt ER uns mit zu höchsten Höhen,
wo es wirklich nichts mehr zu verbergen gibt,
zeigt uns, dass es nur Eine Wahrheit kann geben
und dass alles geschieht, weil ER uns so liebt.

Wo kommst du her? Wo gehst du hin?
Ja, diese Fragen ich dir stellen will.
Warum das Leid? Warum der Streit?
Was, glaubst du, ist des Lebens Sinn?

Oh welche Qual, dies Jammertal,
du sitzt in deinem eigenen Käfig drin,
wann wachst du auf, willst endlich raus,
was muss gescheh'n, wirst du's versteh'n?

Die Grenze deiner Leidensfähigkeit
muss erst erreicht sein in dem Spiel,
erst dann fängst du mit deiner Suche an
nach einem andren, höh'ren Ziel.

Wenn du es dann nicht mehr ertragen kannst,
nimmst du dein Leben in die Hand,
willst dich befrei'n aus der Gefangenschaft,
von dem, was dich ans Leiden band.

Wo komm' ich her? Wo geh' ich hin?
Dann diese Fragen du ergründen willst.
Du willst kein Leid, auch keinen Streit,
willst wissen, was des Lebens Sinn.

Nie mehr die Qual, kein Jammertal,
aus diesem Käfig du ausbrechen willst,
um Hilfe rufst, den Ausweg suchst,
du hast genug, bist nicht mehr still!

Wer hat den Schlüssel, der zur Tür gehört,
wo find ich ihn, was mach' ich nun,
damit ich wirklich völlig frei kann sein?
Du überlegst, was ist zu tun?

Denn eines scheint dir endlich völlig klar:
So wie es ist, hat's keinen Sinn,
dein Leben ohne wahre Freude war,
du steckst in Illusionen drin…

Du willst heraus, hältst's nicht mehr aus,
aus diesem Kerker du befreit sein willst.
Wer öffnet mir, denn diese Tür,
oh kann denn keiner mich versteh'n?

Du suchst den Mann, der helfen kann,
der dir den Schlüssel für den Käfig gibt,
du willst hier raus, hältst es nicht aus.
Warum erhört niemand mein Fleh'n?

Du rüttelst heftig an der Gittertür,
du machst viel Lärm, fängst an zu schrei'n,
dann hältst du inne und stellst staunend fest,
die Tür geht auf – wie kann das sein?

Den Käfig, der niemals verschlossen war,
kannst du selbst öffnen – jederzeit,
die Illusion, die dich gefangen hielt,
willst du nun brechen, bist bereit.

Frei willst du sein, ganz ohne Pein,
das Leben sehen, wie es wirklich ist.
Du fühlst dich gut, hast jetzt den Mut,
du das Geheimnis lösen willst.

Zielstrebig dann gehst du voran,
es gibt nichts mehr, was dich aufhalten kann,
komme, was will, du folgst dem Ziel,
bis du durchschaust das ganze Spiel.

Du willst nicht ruh'n, bis du es hast vollbracht,
denn eines weißt du ganz gewiss:
den Käfig sich ein jeder selber schafft
und Freiheit ist es, die du willst!

Schluss mit dem Leiden, mal muss ein Ende sein,
lasst höchste Freude ins Herz hinein,
nehmt an die Liebe, Wonne, Glückseligkeit,
sie wird von Schmerz und Pein, von Trauer und von Leid
euch dann befrei'n.

Denn eine andere Kraft unsere Bürde trägt,
habt nur Vertrauen, dass es wird so sein,
gebt ab das Leiden und den Zweifel, der es nährt,
Denn jeder darf von Herzen glücklich sein!

Die höchste Liebe allgegenwärtig ist,
mit ihr die Freude und Herrlichkeit.
So, wie zum Atmen die Luft notwendig ist,
so kann die höchste Kraft der Liebe uns vom Leiden
ganz befrei'n.

Wenn wir uns öffnen, strömt die Liebe in uns ein,
mit ihr die Kraft, die alles möglich macht,
sie bringt Vergebung, lehrt uns, allen zu verzeih'n,
wodurch die höchste Freude wird entfacht.

Dann wird das Leiden endlich zu Ende sein,
wir lassen Freude ins Herz hinein,
fühlen die Liebe, Wonne, Glückseligkeit,
sie soll von heute an stets unser ständiger
Begleiter sein.

Vorbei der Schmerz, das Leid,
die große Dunkelheit,
vom Alten Er uns nun befreit.
Vorbei die Einsamkeit,
die Abgeschiedenheit,
in Ihm nur finden wir
glückselige Geborgenheit!

Kein Kampf und auch kein Streit,
die Stille und Wahrhaftigkeit
hält er für alle nun bereit.
Die Pracht und Herrlichkeit,
die Liebe und Glückseligkeit,
Er führt uns wirklich hin
zu einer wahrhaft neuen Zeit!

Ein Traum wird Wirklichkeit,
das Neue hält sich nun bereit,
verheißt ein Leben höchster Freud.
Die Herzen öffnet weit,
lasst ein die Kraft, die uns befreit,
dann wird die neue Welt
auf Erden bald begründet sein.

Verborgen hinter Schleiern,
in tiefster Dunkelheit,
die allerhöchste Liebe,
Bewusstseins-Seligkeit.

Sie gilt es zu enthüllen,
bewusst und voller Kraft,
wodurch ein neues Leben
auf Erden wird erschafft.

Wonne, Glückseligkeit,
die höchste Herrlichkeit
macht unsre Herzen weit,
befreit von Sorgen und von Leid.

Himmlische Wahrheitskraft
bringt mit sich Glanz und Pracht,
erhellt mit ihrer Macht
die dunkle Nacht.

Dieselbe Kraft befindet
sich in der Zelle Kern,
kann man sie dort ergründen,
ist Freude nicht mehr fern.

Gelingt es zu verbinden
den Himmel mit der Erd',
muss alles Leiden schwinden,
das Alte nicht mehr währt.

Oh seht die gold'ne Sonnenpracht
durchdringt das Dunkel tiefster Nacht,
löst auf mit höchster Wahrheitskraft
das, was auf Erden Leiden schafft.

Ein nie gekannter Lichterglanz
erfüllt nun unser Wesen ganz,
bringt mit sich Freude und die Kraft,
erhellt die dunkle Nacht.

Die Wonne und Glückseligkeit,
die allerhöchste Herrlichkeit
macht unsre Herzen hell und weit,
befreit von Sorgen und von Leid.

Des ew'gen Himmels Sonnenkraft
bringt mit sich gold'nen Glanz und Pracht,
durchdringt mit ihrer Wahrheitsmacht
die allertiefste Nacht.

Das Alte muss nun weichen,
noch wehrt es sich und schreit,
es will sich nicht ergeben,
ist dazu nicht bereit.

Es fühlt die Kräfte schwinden,
drum kämpft's und wütet sehr,
ohnmächtig schlägt es um sich,
weiß, siegen kann's nicht mehr.

Wonne, Glückseligkeit,
die höchste Herrlichkeit
macht unsre Herzen weit,
befreit von Sorgen und von Leid.

Himmlische Wahrheitskraft
bringt mit sich Glanz und Pracht,
erhellt mit ihrer Macht
die dunkle Nacht.

Ein nie gekannter Lichterglanz
erfüllt nun unser Wesen ganz,
bringt mit sich Freude und die Kraft,
erhellt die dunkle Nacht.

Es naht das Ende von dem Leid,
ich spür' des Höchsten Blinken,
Sein Strahlen, Seine Herrlichkeit
verwandeln diese Welt.

Vom Alten Er uns nun befreit,
lässt uns die Freude trinken;
schon bald erstrahlt in neuem Kleid
das Leben auf der Erd'.

Ein jeder sehen wird die Pracht,
wer öffnet sich fühlt Seine Kraft,
die Höchste Liebe, Seine Macht
erhellt die dunkle Nacht.

Des Glückes höchste Seligkeit
lässt mich vor Demut sinken.
Die Gnade und Barmherzigkeit
erfüllt das ganze Sein.

Du schenkst mir die Geborgenheit,
die keiner sonst kann geben,
mein Herz ist voller Dankbarkeit,
in Dir nur will ich sein.

Die höchste Wonne ist erwacht,
es tief im Herzen singt und lacht,
dass Er es wirklich wahrgemacht,
Sein Wunder ist vollbracht.

Die Sehnsucht
nach Liebe, Freude
und nach einer schöneren Welt,
in der das Licht uns erhellt,
uns nährt und uns trägt,

der Traum
von Wahrheit, Stille
und von einer friedlichen Welt,
wann wird dies' Sehnen gestillt,
der Traum denn erfüllt?

Die ewige Sonne
bringt wärmende Strahlen,
erfüllt das Leben
mit Glanz und mit Pracht.

Ich seh' die Schönheit,
sie lässt mich erbeben,
durchdringt mein Wesen
mit segnender Macht.

Der kühnste Traum
von Liebe, Freude
und von einer friedvollen Welt
wird durch das Licht nun erfüllt,
die Sehnsucht gestillt!

Öffnet die Sinne
und hört nur die Stille,
fühlt in den Gliedern
des Höchsten Pracht.

Glückselige Freude,
sie strömt nun hernieder,
erfüllt die Herzen
mit erhabener Kraft!

Die Sehnsucht
nach Liebe, Freude
und nach einer schöneren Welt,
in der das Licht uns erhellt,
nun wird sie gestillt!

Kinder des Lichtes steigen hernieder,
auf gold'nen Strahlen zur Erde hinab,
künden von Wahrheit, Freude und Frieden,
von einem Leben, das so es noch nie gab.

In ihren Herzen brennt eine Sehnsucht
nach einem Leben voll Schönheit und Pracht,
und dieses Sehnen wird zur Gewissheit:
Ein neues Leben auf Erden wird erschafft.

Künden von Wahrheit,
Freude, Liebe und von Frieden
und von einem neuen Leben,
das so es vorher niemals gab.

In ihren Herzen
brennt so eine tiefe Sehnsucht
nach einem Leben voller Schönheit,
dass endlich sich's verändern mag.

Auch wenn das Neue man kann noch nicht sehen,
findet die Wandlung im Inneren statt.
Über das Alte den Sieg sie erringen,
was die Veränd'rung im Wesen möglich macht!

Bis in die Zellen kann man es fühlen:
Liebe und Freude, Frieden und Pracht;
und wer sich öffnet, der kann es spüren,
Gefühle der Wonne von nie gekannter Kraft.

Kinder des Lichtes
steigen hier zur Erde nieder,
auf so wunderbaren Strahlen,
golden und von höchster Kraft.

Künden von Wahrheit,
Freude, Liebe und von Frieden
und von einem neuen Leben,
das so es vorher niemals gab.

In ihren Herzen
brennt so eine tiefe Sehnsucht
nach einem Leben voller Schönheit,
dass endlich sich's verändern mag.

Und dieses Sehnen
wird nun wirklich zur Gewissheit,
dass ein schön'res, neues Leben
auf Erden bald sich offenbart.

Singe dem Himmel entgegen,
singe zur Erde hinab,
lausche dem inneren Wesen,
singe, was es offenbart.

Höre das Jauchzen, das Schwingen,
lausche der Schönheit, der Pracht,
das Herz will die Freude besingen,
Freude, die wandelt die Nacht.

Freude lässt Töne erklingen,
himmlische Melodein,
wir lassen uns davon durchdringen,
voll Wonne erfüllt woll'n wir sein.

Singe, wem Singen gegeben,
singe das, was dir gefällt,
lausche dem inneren Wesen,
dem, was das Herz dir erzählt.

Freude lässt Trauer verschwinden,
verborgen ganz tief in der Brust,
ein jeder von uns kann sie finden,
lernt singen aus Herzenslust.

Freude, sie lässt uns erbeben,
hinfort nimmt den Schmerz und das Leid,
Glückseligkeit kann sie uns geben,
oh öffnet die Herzen ganz weit!

Freude lässt Töne erklingen,
himmlische Melodein,
wir lassen uns davon durchdringen,
voll Wonne erfüllt woll'n wir sein.

Singe, wem Singen gegeben,
singe das, was dir gefällt,
lausche dem inneren Wesen,
dem, was das Herz dir erzählt.

Vögel singen, Geigen klingen,
in meinem Herzen kann die Freude schwingen,
laue Lüfte, Blumendüfte,
oh wie schön ist unsre Erde.

Andachtsvoll ich sitz' und lausche
wahrer Schönheit der Natur,
um mich hör' ich Bächlein rauschen,
schlängeln sich durch Wald und Flur.

Weiches Moos das Erdreich decket,
bunte Wiesen sich zum Fluss hinstrecken,
gülden scheint die Sonn' hernieder
auf die wunderschöne Erde.

Und ich wandle durch die Wälder,
in die Täler, auf die Höh'n,
Korn und Klatschmohn in den Feldern,
kann die stille Schönheit seh'n.

Ach, könnt' ich mit meinen Sinnen
anderen Menschen Freud' und Schönheit bringen,
denn dann könnten Streit und Klagen
weichen dieser schönen Erde.

Würden dann mit neuen Augen
seh'n die wunderbare Welt,
würden höchster Kraft vertrauen,
die uns nährt und trägt und hält.

In uns würden Töne klingen,
silbernhell auf allen Ebenen schwingen,
tiefe Ruhe käm hernieder,
Frieden gäb's auf unsrer Erde.

Ein Wiegenlied

Die Göttliche Mutter, Sie ist uns so nah,
Sie schützt Ihre Kinder, ist stets für sie da,
und wenn wir mal weinen, dann singt Sie ihr Lied
und zeigt uns, wie sehr Sie uns liebt:

Refrain:
Hab' nur Vertrau'n, mein Kind,
in Allem ich bei dir bin,
im Regen, der Sonne, den Blumen, Vögeln
und dem Wind;
ich bin stets für dich da,
wieg' dich und halt' dich warm,
Ich bin in Allem dir nah.

Und wenn du traurig bist,
mich rufst, dann beschütz' ich dich,
tröste und sorge, dass Schmerz und Leiden
du vergisst;
vertreib' deine Einsamkeit,
schenk' dir Geborgenheit,
ich lieb' dich so, wie du bist.

Das Vertrau'n in die Mutter uns schützt und bewacht
und nimmt auch hinfort den Alptraum der Nacht;
und wenn wir uns öffnen, dann spür'n wir die Kraft,
die die Freude im Herzen entfacht.

Refrain

AUSKLANG

Drei mantrische Lieder

Das Netz alter Falschheit,
es löst sich nun auf,
man kann es erkennen
und spür'n tut man's auch.

*

Sie führt uns durch den Dschungel
mit sicherer Hand;
wir folgen Ihren Spuren
hin zu einem neuen Land.

*

Die Freude, die Liebe und Herrlichkeit
wird spürbar und sichtbar in unsrer Zeit
für den, der sich öffnet und ist bereit,
ihn dadurch von Schmerz und von Leid befreit!

Fotos:

Cover und Seite 11 © nupean pruprong /*123RF.com*
Seite 9 © Pavel Timofeev/*123RF.com*
Seite 37 © subbotina/*123RF.com*
Seite 52 © alekss/*123RF.com*
Seite 57 © *masaaki abe/123RF.com*
Seite 68 © alinamd/123RF.com
Seiten 71 und 96 © Riddhi K. Shah
Seite 74 © nazarnj/*123RF.com*
Seite 82 © Sarawut Aiemsinsuk/*123RF.com*
Seite 85 © Romolo Tavani/*123RF.com*
Seite 99 © khatawut Chaemchamras/*123RF.com*
Seite 103 © Evgeny Atamanenko/*123RF.com*